Made in the USA
Monee, IL
02 November 2021

81316117R00061